Laura Puges

Representações mediáticas do terrorismo - Um estudo de caso do 11-M Madrid

Laura Puges

Representações mediáticas do terrorismo - Um estudo de caso do 11-M Madrid

ScienciaScripts

Imprint

Cover image: www.ingimage.com

This book is a translation from the original published under ISBN 978-3-659-89235-6.

Publisher:
Sciencia Scripts
is a trademark of
Dodo Books Indian Ocean Ltd. and OmniScriptum S.R.L publishing group

120 High Road, East Finchley, London, N2 9ED, United Kingdom
Str. Armeneasca 28/1, office 1, Chisinau MD-2012, Republic of Moldova, Europe
Managing Directors: Ieva Konstantinova, Victoria Ursu
info@omniscriptum.com

Printed at: see last page
ISBN: 978-620-8-56216-8

Resumo

Os actos terroristas são frequentemente seguidos de longas reportagens nos meios de comunicação social que discutem os seus elementos dramáticos, motivações e consequências. Centrando-se no terrorismo no mundo ocidental, esta tese examina a relação fundamentalmente controversa entre o terrorismo e os meios de comunicação social. O primeiro capítulo apresenta uma revisão da literatura existente sobre esta relação, que muitos teóricos, como Cooper (1976) e Wilkinson (1997), descreveram como "simbiótica". O argumento é que, ao tentar relatar acontecimentos terroristas "dignos de notícia", os media podem involuntariamente ajudar os terroristas a criar alarme público, o que pode ter uma variedade de consequências sociais e políticas, nomeadamente em termos da forma como os governos respondem aos acontecimentos. No entanto, as representações mediáticas do terrorismo também têm efeitos positivos importantes, nomeadamente em termos de cooperação pública e de sensibilização da comunidade, que não podem ser ignorados. A análise da investigação existente é seguida de um estudo de caso sobre a forma como dois jornais espanhóis retrataram os atentados bombistas contra comboios em Madrid, em 11 de março de 2004, nas duas semanas que se seguiram ao ataque. O estudo examina se as questões levantadas no primeiro capítulo são aplicáveis em termos da *forma como o* ataque foi representado e das *consequências sociais e políticas* que as representações influenciaram. De facto, a maior parte das caraterísticas foram cumpridas. É interessante notar, no entanto, que a cobertura do 11-M Madrid difere da maioria da cobertura, na medida em que não confirma durante muito tempo a apresentação dos acontecimentos feita pelo governo. A secção final afirma que os meios de comunicação social nunca devem informar sobre o terrorismo de uma forma que possa prejudicar o público a que se destinam e que, por isso, são necessárias certas salvaguardas.

Índice

"O terrorismo é teatro" (Jenkins 1974, analisado em Hoffman 2006: 174).

Introdução

"Não podemos escapar aos media. Eles estão envolvidos em todos os aspectos da nossa vida quotidiana" (Silverstone 1999: prefácio). Um grande número de jornais, estações de rádio, canais de televisão e sítios Web constantemente actualizados (Mawby 2010: 1063-1064) caracterizam a "esfera mediática global" (Ferrell e Greer 2009: 5), que dão ao público acesso quase imediato às notícias. O tratamento das questões pelos meios de comunicação social tem um efeito significativo na reação e opinião públicas, uma vez que os meios de comunicação social são a principal fonte de informação sobre os acontecimentos actuais para a maioria das pessoas (Cooper 1976: 229). Antes de continuar, é importante notar que o público não é ingénuo na sua absorção de informação mediática e geralmente interpreta as representações mediáticas de forma cética através do prisma do seu conhecimento prévio - a transmissão de informação não é completamente "descendente" (Hall 2010a). No entanto, a investigação mostra que os relatos dos meios de comunicação social moldam, pelo menos, *aquilo em que pensamos*, o que, por si só, já influencia as questões a que damos prioridade e, por conseguinte, inevitavelmente, *a forma como as abordamos* (Entman 1989). O terrorismo é uma dessas questões, que é objeto de muito debate e pode ter um impacto considerável na sociedade.

Embora a definição de terrorismo seja profundamente contestada (Rothe e Muzzatti 2004: 331; Freedman e Thussu 2012: 6-9), será adoptada a seguinte designação para efeitos do presente documento: "O uso calculado da violência ou a ameaça de violência para atingir objectivos políticos, religiosos ou ideológicos. O terrorismo é realizado por meio de intimidação, coerção ou instilação de medo" (Casa Branca 2002, discutido em Rothe e Muzzatti 2004: 331). Dada a sua definição e objetivo, não é surpreendente que um ato terrorista suscite um medo generalizado. Hoje em dia, os meios de comunicação social contribuem involuntariamente para a disseminação deste medo ao falarem extensivamente destes actos. Ao procurar relatar as notícias de uma forma cativante, os meios de comunicação social ajudam a dar publicidade aos terroristas e a semear a ansiedade entre a população - dois dos principais objectivos dos terroristas (Cooper 1976: 227-228). Por sua vez, esta ansiedade generalizada entre uma população pode ter uma variedade de consequências sociais e políticas indesejáveis (Cooper 1976). Estas questões sugerem a relação inerentemente problemática entre o terrorismo e os meios de comunicação social, que esta tese explora.

Este artigo começa com uma breve análise da literatura existente sobre a relação complexa e controversa entre o terrorismo e os media e destaca algumas das questões fundamentais. Concentro-me nos meios de comunicação social do mundo ocidental, caracterizados por uma ideologia de "imprensa livre", e no terrorismo não estatal que ocorre em países ocidentais ou contra cidadãos ocidentais. Por razões de espaço, não analiso os efeitos que a representação mediática pode ter nas iniciativas antiterroristas e, em vez disso, concentro-me nas representações de *actos* terroristas reais. Em segundo lugar, esta tese aplica as principais questões levantadas na literatura a uma análise crítica da forma como dois jornais espanhóis noticiaram o ataque terrorista em Madrid em 11 de março de 2004. Por fim, examino a abordagem que os media devem adotar quando noticiam o terrorismo, tendo em conta os seus possíveis efeitos críticos. Uma crítica da investigação existente e um estudo do caso espanhol mostram que os meios de comunicação social podem desempenhar um papel potencialmente benéfico para a sociedade ao noticiarem o terrorismo, mas que é necessário adotar salvaguardas para evitar efeitos prejudiciais.

Capítulo 1: Preparar o terreno - Uma análise da literatura existente

Uma relação simbiótica?

A relação entre o terrorismo e os media tem sido frequentemente descrita como "simbiótica" (Wilkinson 1997: 52; Cooper 1976: 231, entre outros). Nesta secção, exploro esta atribuição a fim de examinar a sua veracidade e extensão.

Ao relatarem acontecimentos, os jornalistas não podem relatar tudo o que está a acontecer no mundo e têm de selecionar, de entre um vasto leque de opções, o que se torna "notícia" (MacDougall 1968, analisado em Hall *et al* 2010: 240), e este será sempre o caso. O estudo de Chibnall (2010, *originalmente de 1977)*, que observou e entrevistou repórteres de crime, identificou oito "imperativos profissionais do jornalismo": imediatismo, dramatização, personalização, novidade, convencionalismo, simplificação, acesso estruturado e emostilação (p.205). A maior parte destes valores continua a ser relevante atualmente, mesmo que a lista tenha aumentado. Num estudo recente, por exemplo, Jewkes (2010: 215-225, *originalmente 2004)* acrescentou à lista de Chibnall a violência, a proximidade, a perceção de risco e as imagens visuais, entre outros. A análise de cada valor está para além do âmbito do presente documento. Os eventos que contêm mais, como os actos violentos e dramáticos para os quais existem imagens visuais, têm maior probabilidade de serem relatados do que outros (Chibnall 2010: 205). Isto deve-se ao facto de os constrangimentos culturais e sociais do trabalho noticioso - formato das notícias, prazos, ideias sobre o conhecimento público, concorrência entre organizações, burocracia - pressionarem os trabalhadores dos noticiários para fornecerem histórias emocionantes e dramáticas que aumentem as audiências e os leitores (Chibnall 2010; Hall *et al* 2010: 241; Herman e Chomsky 2006: 258-279).

Neste contexto, é fácil compreender por que razão o terrorismo contra ocidentais é tão amplamente representado nos media quando ocorre. Lewis (2012: 257) observa que esta forma de terrorismo inclui muitos dos valores-notícia discutidos acima, incluindo drama, proximidade cultural, imagens visuais e violência, e é, portanto, cinicamente, "atraente" para os media. Todos estes factores tornam as notícias interessantes, para dizer o mínimo. Por exemplo, nas primeiras três semanas da crise dos reféns de Teerão (1979-1981), as audiências das redes de televisão nos EUA subiram 18% (Mowlana 1984, analisado em Wilkinson 1997: 58). As crises "vendem" e, por isso, os meios de comunicação social relatam-nas naturalmente, utilizando frequentemente uma linguagem poderosa e cativante. Neste sentido, os acontecimentos de 11 de setembro de 2001 foram extraordinariamente noticiosos; "aviões sequestrados que embateram no World Trade Center e no Pentágono - um ataque devastador ao centro do poder militar, económico e cultural do Ocidente - foi um momento tão excessivo em termos de valor noticioso que se tornou quase credível" (Lewis 2012: 258).

Os pontos acima sugerem a relação inerentemente controversa entre o terrorismo e os media. Como Wilkinson (2001, citado em Nacos 2007: 19) argumenta, o terrorismo tem como objetivo *comunicar* uma ameaça ao mundo. Os media, ao noticiarem o terrorismo, contribuem involuntariamente para este objetivo. Wilkinson (1997) descreveu quatro objectivos principais dos terroristas: incutir o medo na população em geral, divulgar as suas razões e causa, perturbar as actividades das agências de segurança e recrutar novos membros empenhados na sua causa (p.56). É claro que foram feitas tentativas para limitar o acesso dos terroristas aos media. Por exemplo, como Wilkinson (1997: 60-62) descreve, o governo da Primeira-Ministra Thatcher proibiu as estações de televisão britânicas de transmitirem *as vozes dos* terroristas no auge das actividades terroristas do IRA, para que estes fossem "privados do oxigénio da publicidade" (p.61). No entanto, estas medidas foram contestadas e tiveram um sucesso limitado *(ibid.:* 60-62). Na verdade, Nacos (2007) argumentou que vivemos numa era de "terrorismo mediatizado", em que os meios de comunicação social, muitas vezes com relutância, fazem o jogo dos terroristas e ajudam a difundir as suas mensagens e a atingir os seus quatro objectivos.

Se os terroristas exploram os "benefícios" que podem ser derivados da exposição aos media, e se os media aumentam a sua audiência fornecendo relatos dramáticos e visuais de actos terroristas violentos, então é natural que a relação entre os dois tenha sido criticada como "simbiótica" (Wilkinson 1997: 52; Cooper 1976: 231). É importante notar, no entanto, que os media não *partilham* os valores dos terroristas (Wilkinson 1997: 56). O problema é que, inadvertidamente e devido à perceção dos acontecimentos actuais e aos constrangimentos do trabalho noticioso, podem facilmente ser apanhados num ciclo de sobre-reportagem e dramatização que, ao mesmo tempo que informa o público, também ajuda os terroristas.

Relatórios sobre o terrorismo e suas consequências

Tendo estabelecido que os meios de comunicação social desempenham um papel importante na formação da opinião pública (Cooper 1976: 229), e tendo notado a relação complexa entre os meios de comunicação social e o terrorismo, é importante examinar a forma como o terrorismo é efetivamente retratado e as consequências que esses métodos podem ter.

O primeiro ponto a salientar é a extensão da cobertura mediática do terrorismo e, sem dúvida, a sua cobertura excessiva, quando ocorre. De facto, no ano e cinquenta dias que se seguiram ao 11 de setembro, o *Washington Post* publicou mais de 10.700 artigos sobre terrorismo (Rothe e Bower 2002, ver Rothe e Muzzatti 2004: 338). Outros incidentes terroristas, como o ataque suicida ao navio americano USS Cole no Iémen em 2000, também receberam uma atenção considerável dos meios de comunicação social (Nacos 2007: 92). A avalanche de notícias sobre terrorismo que ocorre após certos ataques - note-se que me refiro a ataques violentos no Ocidente ou contra vítimas ocidentais, embora estes não sejam os actos terroristas mais comuns (Freedman e Thussu 2012: 11-12) - nem sempre é proporcional à ameaça real. Com efeito, uma base de dados de incidentes terroristas em todo o mundo, mantida pelo Departamento de Estado dos EUA, refere que o número de ataques entre 2002 e 2003 foi inferior ao perpetrado nos vinte anos anteriores (Lewis 2012), mas "a noção de que os ataques de 11 de setembro de 2001 marcaram o início de uma nova era de ataques terroristas tornou-se convencional num piscar de olhos, passando ao lado de qualquer análise séria" *(ibis:* 259). Do mesmo modo, como refere Lewis (2012: 260), em comparação com questões mais prementes na sociedade e que representam riscos mais imediatos, como as alterações climáticas, o terrorismo recebe mais atenção mediática do que merece *(ibidem:* 260), provavelmente porque as alterações climáticas não são um *acontecimento* e não contêm muitos "valores-notícia" *(ibidem: 260).* Em suma, a ideia é que os eventos terroristas acabaram por receber uma cobertura mediática excessiva e que, por isso, o público os considera da maior urgência, mesmo que essa avaliação seja incorrecta (Nacos 2007; Lewis 2012).

Muitos estudos têm explorado os efeitos sociais e políticos negativos dessa cobertura e da sobre-representação do terrorismo nos meios de comunicação social. A primeira dessas consequências é a disseminação do medo entre o público-alvo de um grupo terrorista. Nos anos que se seguiram ao 11 de setembro de 2001, por exemplo, "os níveis de preocupação pública [sobre o terrorismo] reflectiram aproximadamente o volume da cobertura do terrorismo nas principais redes de televisão" (Kern, Just e Norris 2003, discutido em Nacos 2007: 180). Naturalmente, o medo do terrorismo na sequência de um acontecimento recente é compreensível. No entanto, uma cobertura *excessiva* e sensacionalista por parte dos media é perigosa, pois pode levar a níveis *desproporcionados* de medo entre o público (Pozas e Toral 2004; Nacos 2007). Se o medo é desproporcionado é, obviamente, controverso, mas há sinais claros. Por exemplo, mais de quatro anos após o 11 de setembro, mais de 60% dos americanos continuavam a recear "muito" ou "um pouco" um novo ataque terrorista nos EUA (Nacos 2007: 182). No entanto, como descrevi anteriormente, no início do século XXI, o terrorismo *não é, de facto,* uma ameaça tão grande como muitos acreditam (Lewis 2012). É lamentável que a (sobre)cobertura dos meios de comunicação social tenha contribuído para uma preocupação tão claramente desproporcionada.

Os dois pontos anteriores conduzem a uma discussão inevitável sobre o "pânico moral" que se segue a alguns incidentes terroristas. Os teóricos têm-se mostrado frequentemente relutantes em descrever a reação que se segue aos ataques terroristas como pânico moral devido às suas conotações potencialmente pejorativas e aos juízos morais sobre a reação do público (Garland 2008: 24). Mais recentemente, porém, alguns criminologistas começaram a descrevê-lo como tal (Rothe e Muzzatti 2004: 327). De acordo com Cohen (2002: 1), para que o pânico moral exista, "uma situação, episódio, pessoa ou grupo de pessoas é definido como uma ameaça aos valores ou interesses da sociedade". A reação do público em geral é geralmente caracterizada por uma grande preocupação, uma hostilidade crescente em relação a estes "demónios populares", um consenso na maioria da sociedade de que a situação é perigosa e precária, uma reação desproporcionada ao problema (incluindo a gravidade das consequências impostas e o medo desproporcionado) e uma certa volatilidade (Goode e Ben-Yehuda, 1994, pp. 156-159). Além disso, os meios de comunicação social desempenham um papel importante na difusão do pânico moral (Rothe e Muzzatti 2004: 329). Da análise precedente, parece que as reacções exageradas dos media, as reacções do público e a propagação do medo que se seguem a certos acontecimentos terroristas contêm as caraterísticas de um pânico moral.

Um dos principais problemas associados aos pânicos morais, e a todas as situações que aumentam a ansiedade pública, é a sua produtividade (Garland 2008: 15-16). É evidente que as organizações noticiosas têm a responsabilidade social e profissional de relatar as notícias de forma objetiva e fiável em prazos muito curtos. Para o fazer, os jornalistas recorrem frequentemente a funcionários governamentais, agências de segurança, peritos e outras fontes igualmente reputadas e facilmente acessíveis (Hall *et al* 2010: 244-246). Em questões de terrorismo, a elite governante é a principal fonte a que os media recorrem para obter informações (Miller e Sabir 2012: 77). Ao exercer tal influência, poder e acesso aos media, o Estado pode, de certa forma, "manipular" os sentimentos de medo e ansiedade do público, a fim de garantir o apoio às suas políticas (Rothe e Muzzatti 2004: 335) - tornando uma situação "produtiva". Se é verdade que hoje em dia, com a ascensão do jornalismo cidadão (Greer e McLaughlin 2010) e a abundância de fontes alternativas (Schlesinger, Tumber e Murdock 2010), a classe dominante não está em posição de manter o controlo *total* sobre a forma como o crime, e neste caso o terrorismo, é relatado, é inegável que estas fontes exercem um grande poder quando se trata da disseminação da informação.

Em nenhum outro lugar a "manipulação" do Estado é mais evidente do que nas representações mediáticas do 11 de setembro. Já foi referido que "as pessoas receosas são mais dependentes, mais facilmente manipuladas e controladas, mais sensíveis a medidas simples, fortes e severas e a posições de linha dura - tanto políticas como religiosas" (Signorielli 1990: 102, discutido em Reiner 2007: 321). Rothe e Muzzatti (2004: 337-340) mostram que, após o 11 de setembro, o medo foi muitas vezes instilado no público com relatos de, entre outras coisas, alertas terroristas reforçados. Analisam documentos que mostram que a administração Bush conseguiu utilizar este medo acrescido para galvanizar o apoio à sua agenda política "imperialista". Através dos media, o Estado empenhou-se numa "guerra contra o terror"; "a necessidade de legitimar a guerra contra o terror preocupou a administração, que sentiu, por isso, a necessidade de intensificar o medo público a nível interno, reunir pseudo apoio internacional e aumentar os níveis de ameaça para mascarar a guerra global que estava em curso" *(ibid., p.* 339). Todas estas reacções do governo foram desproporcionadas em relação ao assunto em questão, mas permitiram que uma "agenda oculta" fosse apresentada com um mínimo de dissidência pública (Nacos 2007: 143-159).

Além disso, este medo e desconfiança acrescidos levam frequentemente as pessoas a apoiar políticas e legislação excessivamente punitivas que também restringem as liberdades civis e dão muito poder e discrição ao governo (Khiabany e Williamson 2012) - mais uma indicação de que estas situações são "produtivas" para o governo quando retratadas pelos meios de comunicação social de determinadas formas. No Reino Unido, por exemplo, a Lei de Segurança e Contra-Terrorismo foi aprovada em 2001. Esta lei permite que cidadãos não britânicos suspeitos de envolvimento em terrorismo sejam detidos na Grã-Bretanha por tempo indeterminado, pondo claramente em causa as liberdades civis (Khiabany e Williamson 2012: 144). Este tipo de "legislação de emergência" existe há muito tempo, mas o 11 de setembro marcou definitivamente um "ponto de viragem" para este tipo de leis em várias jurisdições. É claro que algumas formas de resposta ao terrorismo são necessárias, e alguma legislação de emergência pode de facto ser necessária. No entanto, a questão é que o Estado reage frequentemente de forma oportunista, implementando políticas controversas (discutidas em Zedner 2005 e Tadros 2008, entre outros) com o mínimo de queixa pública, e os meios de comunicação social desempenham infelizmente um papel importante na influência da opinião pública e das ansiedades.

No entanto, seria negligente ignorar os efeitos positivos que os meios de comunicação social podem ter na luta contra o terrorismo. A cobertura adequada de um ato terrorista pode aumentar a sensibilização e a vigilância, tornando mais difícil que um ato terrorista seja levado a cabo com sucesso (Wilkinson 1997). As pessoas podem mesmo ser encorajadas a cooperar com as autoridades nas investigações (Wilkinson 1997: 60), como ficou demonstrado em 2013 após os atentados de Boston (). Os media ajudaram a divulgar a investigação policial sobre os atentados. Os media ajudaram a divulgar o pedido da polícia ao público para evitar o local do crime e para entregar todas as fotografias do local tiradas durante, pouco antes e depois do ataque (CNN Online 2013). Sensibilizar a opinião pública, difundir as mensagens da polícia, aumentar a vigilância, todos estes efeitos extremamente benéficos são provocados por um meio de comunicação de massas que muitas vezes criticamos. Além disso, se é verdade que a abordagem dos meios de comunicação social à informação sobre o terrorismo pode muitas vezes ajudar a dar publicidade ao grupo terrorista e ajudá-lo a atingir o seu objetivo de incutir o medo num grande "público", também é verdade que "a cobertura mediática tende, em geral, a retratar os terroristas e as suas ações de uma forma que ajuda a deslegitimá-los [...] (Crelinsten 1987)" (Crelinsten 1992: 216). Embora a transmissão de imagens de atrocidades aumente a ansiedade do público, também pode servir para unir as pessoas contra os grupos terroristas. Se nos lembrarmos da "consciência colectiva" de Durkheim, podemos imaginar que estas atrocidades são interpretadas de forma a sublinhar a semelhança entre as pessoas cumpridoras da lei e que encorajam as pessoas a ajudarem-se mutuamente e a formarem uma frente unida contra aqueles que ultrapassaram claramente os "limites" da comunidade (Erikson, 1966, p. 4). Durante os atentados de Boston, as pessoas tomaram conhecimento do acontecimento (em grande parte através dos meios de comunicação social) e muitas decidiram ajudar doando sangue aos hospitais, entre outras acções (The Guardian Online 2013). É evidente que, embora as representações mediáticas do terrorismo possam ter consequências sociais e políticas extremamente negativas, há certamente benefícios a retirar dos meios de comunicação social na luta contra o terrorismo que a sociedade seria ingénua se ignorasse. Por conseguinte, a solução ideal seria fornecer salvaguardas adequadas para a cobertura do terrorismo, mantendo a liberdade de imprensa e tirando partido dos efeitos positivos que os meios de comunicação social podem trazer (Wilkinson 1997: 50-52).

Embora não seja exaustiva, esta revisão da literatura destacou algumas das questões-chave em torno da relação controversa entre o terrorismo e os media. É agora interessante centrarmo-nos num estudo de caso específico da representação dos atentados à bomba contra os comboios de Madrid em 2004 (há pouca investigação sobre este tema - ver, entre outros, os capítulos de Vara *et al.* 2006), a fim de realçar as questões levantadas no local e ilustrar como a imprensa espanhola se afastou da informação tradicional sobre terrorismo.

Capítulo 2: Os atentados à bomba nos comboios de Madrid - Atualidade ou profissionalismo?

Metodologia

Na manhã de 11 de março de 2004, três dias antes das eleições legislativas espanholas, dez bombas explodiram em quatro comboios pendulares que se dirigiam para a estação de Atocha, em Madrid, matando 191 pessoas e ferindo mais de 1800. Os atentados de Madrid, que foram descritos pelos meios de comunicação social como "o pior ataque terrorista na Europa continental desde a Segunda Guerra Mundial" (Valdeon 2009: 67), foram atribuídos a terroristas fundamentalistas islâmicos. Não foi provada, através de processos judiciais, qualquer ligação *direta* com a Al-Qaeda. Os ataques tiveram consequências sociais e políticas inesperadas, incluindo a destituição do Partido Popular (PP), no poder, a favor do Partido Socialista Obrero Espanol (PSOE), na oposição de esquerda, nas eleições, ao contrário do que as sondagens previam (Pozas e Toral 2004). O 11-M, como ficou conhecido, recebeu uma extensa cobertura mediática em Espanha e em todo o mundo (Casero 2005: 22). Devido aos seus efeitos, é um caso de estudo interessante para explorar a relação entre os media e o terrorismo.

O primeiro capítulo identificou alguns dos problemas que surgem quando os meios de comunicação social noticiam acontecimentos terroristas. Esses problemas são os seguintes: (a) o terrorismo é "digno de notícia" e, por conseguinte, os meios de comunicação social noticiam-no amplamente, difundindo inadvertidamente a mensagem dos terroristas; (b) a grande quantidade de notícias sobre terrorismo pode causar grande alarme e medo desproporcionado numa população; c) a divulgação do terrorismo pode ter consequências sociais adversas; d) a representação do terrorismo pelos meios de comunicação social é frequentemente objeto de manipulação política; e e) apesar destes efeitos adversos, os meios de comunicação social podem contribuir para a luta contra o terrorismo, assegurando a cooperação do público, entre outros efeitos benéficos. O estudo de caso aqui apresentado teve como objetivo analisar se estes cinco factores estavam presentes nas reportagens dos meios de comunicação social espanhóis sobre os atentados de 11 de março em Madrid e quais as consequências sociais e políticas que desencadearam.

Por razões de ordem prática, foram selecionados artigos de jornais, excluindo todos os outros meios de comunicação social ( ). Efectuei uma análise qualitativa do discurso e da imagem dos principais artigos sobre o 11-M publicados em dois dos principais jornais diários de Espanha. Efectuei uma "leitura teoricamente informada" (Johnson 2004: 182) dos artigos, o que significa que a análise das representações dos jornais sobre os ataques foi orientada pelas questões levantadas na literatura e investigação existentes. Além disso, seguindo Hall (2010b), examinei as imagens impressas de ambos os jornais sobre os ataques e as suas consequências, a fim de avaliar a sua "atualidade" e conteúdo geral.

Foram selecionados dois diários nacionais espanhóis: *El Pais* e *El Mundo*, porque em 2004, *El Pais* e *El Mundo* eram os dois diários mais impressos (Tendencias 2006). Em 2013, os dois jornais têm uma audiência conjunta de mais de 3 milhões de pessoas (*El Pais Online 2013), o que* faz deles os dois jornais mais lidos no país. Devido ao seu grande alcance, estes dois jornais foram apropriados para o estudo de caso. *El Pais* é um jornal tradicionalmente de centro-esquerda que, de um modo geral, tem apoiado o partido político de centro-esquerda PSOE, sem ser acrítico. *El Mundo*, por outro lado, é um jornal tradicionalmente de centro-direita que tem tendido a apoiar o partido PP, mas também nem sempre tem sido acrítico. Tendo isto em mente, selecionei o artigo *principal* (não os editoriais) da secção "Espanha" da versão impressa da manhã de ambos os jornais relacionados com os atentados bombistas do 11-M em Madrid durante um período de duas semanas após o ataque, de sexta-feira 12 de março de 2004 a quinta-feira 25 de março de 2004. Como outros salientaram, duas semanas é tempo suficiente para uma investigação se desenvolver e reunir dados relevantes, mas suficientemente curto para um acontecimento continuar a fazer manchetes (Schaefer 2006: 581). De facto, todas as histórias aqui analisadas, exceto uma, foram discutidas na primeira página do jornal do dia. Para efeitos de comparação, foram também analisadas as principais notícias que cumpriam os mesmos critérios para ambos os jornais em 11 de março de 2009, a data do quinto aniversário.

Foram analisados um total de trinta artigos (quinze por jornal). Acedi a todos os artigos a partir dos arquivos online dos jornais. No que diz respeito às imagens, selecionei apenas as relacionadas com o ataque que apareceram na primeira página de um ou outro jornal durante o período de duas semanas. O resultado foi uma seleção de 14 imagens, seis do *El Pais* e oito do *El Mundo*. Naturalmente, a metodologia tem algumas limitações; por exemplo, só foi analisada a imprensa escrita. No entanto, o estudo de caso aqui apresentado permitiu-nos começar a analisar os temas gerais da comunicação social espanhola sobre os atentados de 11 de maio.

A imagem que os meios de comunicação social espanhóis fizeram dos ataques foi amplamente criticada pelos académicos espanhóis. As queixas contra a imprensa incluíam afirmações de que os media eram claramente sectários nas suas reportagens, que alegadamente manipulavam a informação e que retratavam os acontecimentos de uma forma excessivamente sensacionalista (Vara 2006: 11-12). Os capítulos seguintes examinam os cinco "factores" - "questões de investigação" - associados à relação entre os media e o terrorismo que emergem da revisão da literatura existente no primeiro capítulo, e ajudarão a esclarecer a validade destas afirmações, e até que ponto. Traduzi todas as citações diretas do espanhol para efeitos de discussão.

Notícias

A primeira questão a examinar é a da atualidade. Chibnall (2010: 205) e Jewkes (2010: 217) analisaram os diferentes factores que tornam os acontecimentos notícia. Os acontecimentos relatados nas notícias tendem a conter pelo menos alguns destes valores - e os valores tendem a ser reforçados e destacados nos relatórios, na esperança de que isso traga vantagens comerciais (ver, por exemplo, Hall *et al* 2010: 241). Como vimos anteriormente, o terrorismo é notoriamente noticiável. Por conseguinte, não é surpreendente que as notícias sobre os atentados do 11-M tenham sido amplamente divulgadas. Selecionei os valores jornalísticos mais aplicáveis às representações do 11-M para esta discussão. São eles a dramatização, a personalização e as imagens visuais.

"Pela sua própria natureza, um ato terrorista é suposto ser impressionante"

(Cooper 1976: 226). É, portanto, essencialmente um acontecimento dramático, e a "dramatização" é um dos principais factores em que os noticiários se baseiam para tornar as suas descrições dos acontecimentos interessantes e envolventes. Chibnall (2010) argumenta que "os organismos de radiodifusão estão preocupados em captar a atenção de potenciais audiências através da criação de 'impacto'" (p.206). Uma reportagem sobre os atentados de 11 de março em Madrid cumpre este papel. O risco é que o elemento dramático de um acontecimento ganhe demasiado destaque nos noticiários. Na sexta-feira, 12 de março de 2004, títulos como "O inferno terrorista de Madrid" (El Pais 2004) e "O dia da infâmia" (El Mundo 2004) eram poderosos e comoventes. As reportagens desse dia estavam repletas de frases como "a sequência mortal" *(El Pais 1)* de atentados bombistas contra comboios - ataques que deixaram um "rasto de morte ao longo da linha férrea" *(ibid)* - que ajudaram a aumentar o mediatismo em torno de uma situação já de si trágica. Os relatos sensacionalistas dos atentados foram visíveis ao longo das duas semanas analisadas. Os artigos centraram-se fortemente na tragédia humana e nas famílias destroçadas; os pais de um dos acusados choravam de desgosto (*El Mundo 12),* descrições do massacre e das suas consequências (por exemplo, *El Pais 8),* relatos do número de pessoas a chorar (*El Pais 14),* especulações sobre as possíveis consequências (*El Pais 13)* e muitos outros utilizaram a mesma linguagem excessivamente dramática.

É compreensível, naturalmente, que a cobertura dos atentados tenha sido extensa e espetacular. Afinal de contas, os acontecimentos do 11 de março foram dos mais chocantes da história de Espanha. A questão é saber se a dramatização *foi desproporcionada.* A atribuição do que é "desproporcionado" é, naturalmente, algo subjectiva. No entanto, há sinais que convencerão a maioria dos leitores. Por exemplo, a linguagem cativante utilizada nos artigos é muito viva. Isso é mais evidente no relato *do El Mundo* sobre o funeral de Estado das vítimas. Parte da descrição diz o seguinte;

"Se a dor pesasse, os tijolos da Almudena ter-se-iam despedaçado ontem. Se se medisse a escuridão que vem depois da ausência, a catedral teria sido um pavilhão para cegos, [...] outra vez aquela avó a enxugar as lágrimas com um lenço. Se fosse

preciso abraçar, havia braços que vinham de todo o lado como para parar um comboio, todos os comboios, aqueles comboios" (El Mundo 14).

Esta descrição fascinante é controversa, uma vez que as representações das notícias podem influenciar a opinião pública e as ansiedades (Cooper 1976: 229). Não é impensável que notícias demasiado dramáticas possam (pelo menos até certo ponto) provocar um medo desproporcionado numa população, o que pode ter efeitos sociais e políticos (Nacos 2007). Quer a intenção da imprensa fosse ou não aumentar excessivamente a angústia pública, estas descrições demasiado sensacionalistas são motivo de preocupação.

A "personalização" é um valor jornalístico relacionado que foi explorado na apresentação dos atentados aos comboios de Madrid por ambos os jornais; "parece basear-se principalmente no pressuposto tácito de que as "pessoas comuns" só podem compreender o significado das abstracções quando estas são apresentadas em termos vívidos e personalizados que permitem a identificação" (Chibnall 2010: 206-207). É por isso que é comum os relatos de crimes incluírem entrevistas, citações e opiniões das pessoas envolvidas - sobreviventes, equipas de salvamento, famílias das vítimas. É de esperar que a imprensa relate a experiência das pessoas envolvidas num acontecimento importante. Mais uma vez, o conflito surge quando estes relatos subjectivos (muitas vezes emocionais) são colocados acima de um relato mais objetivo do acontecimento e retratados de uma forma sensacionalista que apela às sensibilidades do público e, consequentemente, desperta uma preocupação desproporcionada entre o público (Rothe e Muzzatti 2004: 329) - e tudo isto porque "vendem".

Muitos dos artigos analisados neste estudo de caso caíram nesta armadilha. No dia seguinte ao ataque, por exemplo, *o El Pais* citou sobreviventes e enfermeiras. Uma das sobreviventes disse que estava "a olhar para trás e a sentir-se como se estivesse em guerra" *(El Pais 1).* Além disso, em 22 de março de 2004, *o El Pais* iniciou uma série de colunas que, segundo a descrição do jornal, contava "minuto a minuto como foram os atentados terroristas de 11 de março em Madrid e as horas intensas que se seguiram até à noite das eleições" (*El Pais 11)*. No mesmo dia, o artigo principal é a primeira destas crónicas. Descreve as horas que antecederam os atentados, descrevendo o trabalho, as personalidades e as actividades de rotina de alguns médicos, passageiros de comboios e outras pessoas diretamente afectadas pelos acontecimentos (*El Pais 11)*. O artigo é um relato angustiante e pormenorizado do que estas pessoas fizeram e quais eram as suas ambições. Permite certamente que o leitor se identifique com estes protagonistas. Por outro lado, dá demasiada importância aos elementos dramáticos da situação, que é retratada de forma sensacionalista.

Estas histórias intensas e personalizadas apelam aos nossos instintos primitivos, mas não servem necessariamente para nos informar verdadeiramente sobre os acontecimentos e as "notícias". A culpa é inteiramente dos profissionais da informação, que têm de se adaptar aos constrangimentos sociais e culturais do trabalho noticioso e competir com outros meios de comunicação social pela atenção do público (Wilkinson, 1997, p. 58). Ao mergulharem nestas narrativas dramáticas e personificadas do terrorismo, conseguem-no. No entanto, as consequências podem ser infelizes. O capítulo três examinará esta questão com mais pormenor.

O valor jornalístico do "espetáculo e das imagens gráficas" (Jewkes 2010: 222) está ligado tanto à dramatização como à personalização. Carrabine (2012) observou que houve recentemente uma "viragem visual" na criminologia (p.463) e que é agora vital analisar não só o que é o crime, mas também como é representado (pp.463-487). No caso do terrorismo, isto é extremamente visível; as imagens dos aviões a embaterem no World Trade Center, por exemplo, estão profundamente enraizadas nas nossas memórias. Na verdade, o simples facto de *termos* imagens do terrorismo torna-o ainda mais noticioso. As fotografias publicadas pelo *El Pais* e pelo *El Mundo* sobre os atentados de 11 de março e as suas consequências foram alvo de muitas críticas, o que é compreensível. Vara (2006) denuncia que as imagens do atentado não foram cuidadosamente selecionadas e foram sensacionalizadas de forma pouco ética, chegando mesmo a violar a privacidade das vítimas e das suas famílias ao mostrar, por exemplo, rostos reconhecidamente feridos (pp. 11-12). Nomeadamente, das catorze imagens aqui analisadas, sete continham imagens de pessoas mortas (ou feridas) ou de vítimas reconhecíveis e visivelmente angustiadas.

As duas fotografias publicadas nas primeiras páginas dos dois jornais no dia seguinte ao ataque (*El Pais Imagem 1 e El Munda Imagem 1)* são igualmente horríveis, e ambas mostram vítimas feridas. Na imagem *do El Mundo,* os rostos dos corpos são claramente visíveis e identificáveis. Independentemente dos factores éticos associados à impressão destas duas imagens, é difícil negar que são retratadas de uma forma sensacionalista que aumenta a dramatização, personalização e horror de um dia já de si horrível. Como já vimos, este tipo de reportagem visual e dramática vende - no entanto, tem de haver um limite para o que é aceitável, e as duas imagens ultrapassaram-no sem dúvida.

A literatura anterior sugere que a opinião pública é fortemente influenciada pelas imagens (Fahmy e Wanta 2007: 17). Sabemos que as reportagens sensacionalistas podem influenciar a opinião pública e a ansiedade (Rothe e Muzzatti 2004: 329), e estas fotografias contribuem para as representações dramáticas e personificadas - sejam elas imagens de pessoas presas, imagens de famílias das vítimas ou imagens de feridos e cadáveres. As reportagens sobre os atentados de 11 de maio, apoiadas por imagens impressas, tiveram, sem surpresa, um forte impacto na opinião pública.

Uma relação simbiótica?

Através da informação, os meios de comunicação social podem ajudar os terroristas a difundir a sua mensagem, dando-lhes publicidade e criando alarme geral - todos objectivos dos terroristas (Weimann e Brosius, 1991, pp. 333-335). No caso dos atentados de Madrid, como mostrei até agora, os relatos dos meios de comunicação social foram abundantes e repletos de histórias e imagens vívidas e poderosas que ajudaram a espalhar o medo entre a *população-alvo,* um objetivo natural dos perpetradores.

Além disso, por razões de atualidade e de informação ao público, *El Pais* e *El Mundo* apresentaram diretamente a mensagem dos terroristas. Alguns dias após o atentado, foi encontrada em Madrid uma cassete em que um homem reivindicava a autoria do atentado (a veracidade desta afirmação foi posta em causa). *El Mundo* transmitiu o conteúdo da cassete palavra por palavra (*El Mundo 3).* Eis um extrato da mensagem;

"Esta é uma resposta à vossa colaboração com os criminosos Bush e os seus aliados. É uma resposta aos crimes que causaram no mundo, especificamente no Iraque e no Afeganistão, e haverá mais, se Deus quiser. Vós quereis a paz e nós queremos a morte [...]. Este é um aviso do porta-voz militar da Al-Qaeda na Europa" (ElMundo 3).

É difícil contestar a ideia de que os meios de comunicação social fizeram o jogo dos infractores, dando-lhes publicidade de várias formas. De facto, as audiências dos jornais aumentaram durante algum tempo depois de 12 de março de 2004 em Espanha (Torres 2006: 7). Os perigos deste tipo de reportagem já foram descritos e incluem a possibilidade de aumentar e desproporcionar o medo e a ansiedade entre o público (Cooper 1976), bem como a vulnerabilidade à manipulação para determinados fins políticos (Signiorelli 1990: 102, discutido em Reiner 2007: 321). As reportagens vívidas e visuais podem vender, mas os riscos associados a este estilo de reportagem também devem ser tidos em conta. Os perigos de uma relação potencialmente simbiótica entre os media e o terrorismo não podem ser ignorados.

Cinco anos depois

Para efeitos de comparação, analisei o artigo principal sobre os atentados de Madrid no quinto aniversário do ataque, a 11 de março de 2009. Ambos os jornais falaram da situação dos sobreviventes e das famílias das vítimas, que muitas vezes ainda se debatem com dificuldades económicas e psicológicas *(El Pais 15)*, e descreveram a aparente falta de preocupação do governo para com eles (*El Pais 15; El Mundo 15).* Ambos os jornais tentaram voltar a dar atualidade aos atentados e às pessoas afectadas, entrevistando grupos de vítimas e outros, numa tentativa de os "personalizar". No entanto, os artigos em si não eram tão dramáticos, não incluíam imagens sensacionais e não continham muitas frases teatrais cativantes. Parece que, cinco anos depois, o ciclo de notícias já passou. Não havia necessidade de dramatizar os ataques, e talvez não houvesse vantagem comercial em fazê-lo. Embora esta seja ainda uma parte negra da história de Espanha, muitos outros factores *actuais* preocupam os espanhóis e são destacados pelos meios de comunicação social. Por exemplo, as reportagens sobre o 11-M, muito depois do ataque, são mais equilibradas, mais calmas e mais racionais e, por conseguinte, pouco susceptíveis de provocar qualquer forma de pânico moral.

Em resumo, este capítulo analisou *a forma como o El Mundo* e *o El Pais* noticiaram os atentados de comboio em Madrid e mostrou que os jornais de grande tiragem exploraram os valores jornalísticos da dramatização, personalização e imagens visuais ao noticiarem o 11-M, embora isso tenha diminuído ao longo do tempo; isso também significou que a imprensa ajudou a difundir a mensagem dos terroristas e a dar-lhes publicidade logo após o ataque. Tendo em conta os efeitos que este tipo de reportagem pode ter na opinião pública e as consequências que pode acarretar, é evidente que ambos os meios de comunicação social demonstraram uma significativa falta de responsabilidade social e profissional ao noticiarem os atentados de Madrid. O próximo capítulo examina *os efeitos* sociais e políticos deste tipo de reportagem.

Capítulo 3: Consequências da cobertura mediática do terrorismo e diferenças em relação a Espanha

Preocupação desproporcionada

A literatura anterior mostra que os níveis de ansiedade e, até certo ponto, o medo do terrorismo, estão ligados à quantidade e à forma dos relatos dos meios de comunicação social sobre actos terroristas (Nacos 2007: 180). A abundância e a natureza dramática das notícias sobre o 11-M ajudaram a semear o pânico e a angústia entre a população espanhola (Vara 2006; Casero 2005). É normal que o alarme se espalhe após um ato terrorista. O facto é que os meios de comunicação social podem, involuntariamente, contribuir para espalhar *um* alarme *desproporcionado*, o que pode ter uma série de efeitos sociais e políticos indesejáveis. Kern *et al* (2003), por exemplo, descobriram que a visualização constante de notícias sobre o 11 de setembro aumentou a ansiedade dos americanos em relação a futuros actos terroristas (ver Fahmy e Wanta, 2007, p. 20). Imagens e relatos dramáticos e poderosos de bombardeamentos em comboios inundaram a imprensa após o 11 de março, e "a investigação demonstrou que o volume de informação sobre acontecimentos, pessoas, desenvolvimentos, crises, escândalos e a proeminência da apresentação das notícias em termos de histórias principais na televisão e de histórias de primeira página afecta a forma como o público avalia a importância dos problemas e das questões" (Nacos, 2007, p. 180). Nomeadamente, três meses antes do 11-M, 35,7% dos espanhóis consideravam que o terrorismo era a maior ameaça para Espanha. Este número subiu para 60,9% após os ataques (Instituto Opina 2004, discutido em Canel e Sanders 2010: 449). O terrorismo pode ter sido uma preocupação até certo ponto - mas, como Lewis (2012: 259-260) argumentou, não é de facto a maior ameaça internacional no início do século XXI, e questões como as alterações climáticas representam um problema maior *(ibid).* O medo e a preocupação eram, por conseguinte, desproporcionados. Embora o aumento dos níveis de medo não tenha sido exclusivamente causado pelos relatos mediáticos dos acontecimentos de 11 de março de 2004, esses relatos contribuíram para espalhar o alarme entre a população.

Repito, as consequências destes níveis desproporcionados de medo são perigosas para o bom funcionamento da sociedade.

Efeitos sociais

Em geral, as iniciativas antiterroristas centram-se na implementação de controlos preventivos, no envolvimento militar, em estratégias de gestão dos meios de comunicação social e na incorporação de legislação de emergência (Hocking 1992: 97). Estas medidas são sistematicamente apoiadas pela opinião pública. Incluem medidas como a detenção por tempo indeterminado de estrangeiros (Khiabany e Williamson 2012: 144) e outras. De facto, as pessoas estão muitas vezes dispostas a aceitar a restrição das liberdades civis após um ataque, por medo e em nome da segurança nacional. Estas medidas são motivadas pelo pânico - e este pânico é exacerbado pelos media. Por exemplo, após o 11 de setembro, foi aprovado o USA Patriot Act, "em qualquer medida, um dos actos mais radicais e controversos da história dos Estados Unidos (Evans 2002) [...]" (Abdolian e Takooshian 2002: 1429). Aumentou consideravelmente os poderes de vigilância do Governo, limitou certas liberdades civis e os seus aspectos controversos quase não foram discutidos nos meios de comunicação social *(ibid., p.* 1434). Em Espanha, a legislação de emergência existente em matéria de terrorismo foi aplicada após o 11 de maio. Além disso, após os atentados, o Governo gerou apoio para aumentar a segurança e intensificou as suas actividades de vigilância. O Ministro do Interior anunciou aos meios de comunicação social que "seria posto em prática um vasto plano de segurança, dado o 'risco terrorista persistente' e a 'clara ameaça' que paira sobre Espanha desde o massacre de 11 de maio em Madrid" (*El Pais 7).* Nem *El Mundo* nem *El Pais* examinaram em pormenor as políticas de vigilância do governo, a duração deste plano de segurança ou a veracidade das afirmações sobre o risco persistente. Os media preferiram aceitar essas afirmações. O público, consumido por uma ansiedade desmesurada devido à combinação da ameaça terrorista real com as representações dramáticas, personificadas e visuais dos acontecimentos, também aceitou estas políticas sem grande resistência. Por conseguinte, pode dizer-se que a situação foi "produtiva" (Garland 2008).

Desta forma, o governo pode reforçar o seu controlo sobre os seus cidadãos, e em nenhuma democracia é desejável uma vigilância excessiva ou uma redução das liberdades civis. Na medida em que os meios de comunicação social contribuíram para este efeito, merecem ser criticados.

Efeitos políticos

Permitam-me que passe agora às consequências políticas da cobertura jornalística do 11-M. Como vimos no passado, "os trágicos atentados bombistas ocorridos em Madrid a 11 de março de 2004, no período que antecedeu as eleições gerais espanholas, tiveram uma série de consequências políticas inesperadas, uma das quais foi a destituição do governo conservador de José Maria Aznar, que tinha apoiado fortemente a coligação liderada pelos Estados Unidos na guerra do Iraque" (Valdeon 2009: 66-67). Os media contribuíram para esta mudança.

Estabelecemos que, devido a restrições de tempo e à necessidade de parecerem objectivos, os profissionais das notícias confiam geralmente em fontes de elite, facilmente acessíveis e reputadas - os "definidores primários" - para obterem a informação de que necessitam para as suas histórias (Hall *et al* 2010: 245). Estas fontes são geralmente funcionários públicos ou peritos. Este fenómeno remete para a ideia de "acesso estruturado", outro valor de informação segundo o qual certas fontes têm um acesso mais fácil aos editores, o que as ajuda a parecer objectivas (Chibnall 2010: 210).

Nas reportagens *do El Mundo* e *do El Pais* sobre o 11-M, é evidente que as fontes governamentais foram, à partida, as principais fontes de informação dos jornalistas. *O El Mundo*, por exemplo, produziu um artigo baseado principalmente em informações sobre os acontecimentos e a investigação fornecidas pelo ministro do Interior do governo *(El Mundo 2),* e outros artigos descreviam textualmente as acções e opiniões dos representantes do governo sobre a autoria dos atentados (*El Mundo 8).* *O El Pais* também se baseou nas informações fornecidas pelo Governo, apesar de o atentado ser extremamente recente e de reinar a confusão *(El Pais 1).*

O primeiro capítulo explicou que, muitas vezes, depois de um ataque terrorista, os governos recorrem a estratégias de manipulação dos media para galvanizar o sentimento público a favor de determinados objectivos governamentais. Por exemplo, Rothe e Muzzatti (2004: 338-340) argumentam que, no rescaldo do 11 de setembro, a administração Bush divulgou informação nos meios de comunicação social de forma a encorajar o apoio a uma "guerra global contra o terrorismo" que fosse consistente com a sua agenda política "imperialista". Nos dias e semanas que se seguiram aos atentados de Madrid, o governo espanhol estava muito consciente das eleições gerais que se aproximavam. Tal como Bush, o governo conservador iniciou uma estratégia de manipulação dos media, mas desta vez em relação à autoria do atentado. O governo apressou-se a afirmar que a ETA, a organização terrorista separatista basca, estava por detrás do atentado, embora as provas estivessem longe de ser conclusivas (Valdeon 2009: 67). Isto levou os artigos online do *El Mundo* a falar dos "ataques mais sangrentos da ETA" algumas horas após os atentados *(ibid.:* 71-72), informação que mais tarde se revelou incorrecta. Porque é que o governo da altura quis destacar o envolvimento da ETA e não o dos fundamentalistas islâmicos? O terrorismo islâmico está provavelmente ligado, pelo menos em parte, ao apoio da Espanha à guerra no Iraque - que o atual governo do PP tinha apoiado e que o partido de oposição de esquerda PSOE queria acabar. Três dias antes das eleições, um ataque terrorista perpetrado por jihadistas islâmicos poderia minar seriamente a liderança do PP nas sondagens (Canel e Sanders 2010: 449) ao aumentar os receios do público de outro ataque por razões semelhantes. De forma polémica, o governo tentou mostrar que estava firmemente convencido de que a ETA estava por detrás do ataque, como mostram os artigos seguintes: *El Pais 1, 2, 3, 6, 13* e *El Mundo 1, 2, 3, 8.* De facto, "as acções do governo continuaram a responsabilizar a ETA mesmo depois [...] da descoberta de uma carrinha que continha uma cassete de vídeo com versos do Corão" (Canel e Sanders 2010: 455).

No entanto, os jornais espanhóis não se deixaram enganar, nomeadamente *o El Pais*. Quando a controvérsia sobre a identidade dos autores do crime começou a surgir, *El Pais* não tardou a salientar a disputa e a apontar provas que apontavam para o terrorismo islâmico. Embora *o El Mundo* também tenha denunciado a polémica *(El Mundo 3*), tentou justificar a confusão do PP e dar aos seus representantes a oportunidade de explicarem em pormenor as razões do seu ponto de vista (*El Mundo 1; El Mundo 8).* Por exemplo, a questão dos explosivos utilizados nos atentados tornou-se um elemento de prova fundamental. Os explosivos eram de um tipo que não era utilizado pela ETA há vários anos. *O El Pals* explicou que o Governo não tinha razão em reivindicar a responsabilidade da ETA à luz desta informação *(El Pais 13)* e salientou que esta informação estava a ser ocultada ao público, enquanto *o El Mundo* justificou o facto de *que, uma vez que* a ETA *tinha* utilizado estes explosivos no passado, era natural que fosse suspeita até certo ponto ( ) (*El Mundo 1*).

Estes pontos realçam a questão da polarização e das ideologias políticas nos media. Os dois jornais têm ideologias políticas diferentes, sendo *El Mundo* tradicionalmente de centro-direita e tendendo a apoiar o PP, enquanto *El Pals* apoia geralmente os partidos políticos, as políticas e as opiniões de centro-esquerda, o que se tornou evidente quando discutiram as declarações polémicas do governo do dia. Mais uma vez, isto mostra a falta de profissionalismo dos meios de comunicação social espanhóis durante as duas semanas que se seguiram ao 11 de maio. Como podemos aceitar uma informação tendenciosa, especialmente numa altura de crise nacional?

O que é ainda mais notável é que a estratégia mediática do governo não tenha sido captada - em especial quando o jornal mais lido em Espanha, *El Pais*, criticou duramente as suas actividades. Isto contrasta fortemente com os relatos esmagadoramente favoráveis das iniciativas do governo após o 11 de setembro (Rothe e Muzzatti 2004: 338-340) e 7-7 (Canel e Sanders 2010) pela imprensa americana e britânica, respetivamente.

É, por isso, essencial notar as peculiaridades da imprensa espanhola que noticiou os atentados de 11 de maio em Madrid. Ferguson (2001, reimpresso em Biernatzki 2002: 14) e Schlesinger, Tumber e Murdock (2010) descreveram que, atualmente, a influência das elites sobre a informação mediática, destacada por outros autores, nem sempre é tão clara e controlada. Existe agora uma maior variedade de fontes e métodos de extração de dados, bem como fugas de informação na imprensa, entre outros aspectos *(ibid).* No entanto, no que diz respeito às notícias sobre terrorismo, isso nem sempre é comum, pois parece haver uma certa relutância por parte da imprensa em tempos de crise nacional em ir contra a ação e as opiniões do governo (Abdolian e Takooshian 2002: 1434-1435). Não foi esse o caso da imprensa espanhola, que noticiou os atentados de comboio em Madrid. A controvérsia e os argumentos contraditórios sobre os presumíveis autores do atentado (ETA versus Al Qaeda ou outros jihadistas islâmicos) foram rapidamente revelados, graças à consulta de *outras* fontes não ligadas ao governo, como fontes policiais e outros peritos. Por exemplo, em 13 de março de 2004, *o jornal El Pais* referia que

"A hipótese oficial continua a ser a da ETA como responsável pelos atentados, mas cada vez mais agentes da luta antiterrorista se inclinam para o terrorismo islâmico, ou mesmo para a colaboração entre organizações de diferentes origens" (*El Pais 2).*

Em particular, a controvérsia sobre a alegada autoria do ataque foi abordada em catorze dos trinta artigos, prejudicando seriamente a descrição dos acontecimentos feita pelo governo. De facto, embora *El Mundo* estivesse mais inclinado a encontrar razões racionais para a reação do PP, acabou por destacar e denunciar o assunto.

Se os artigos e imagens dramáticos e personificados não eram suficientes para influenciar os eleitores, as críticas ao governo da altura influenciaram ainda mais o público. Pozas e Toral (2004) argumentaram que a razão pela qual o partido PSOE ganhou as eleições, contrariamente às previsões das sondagens antes do atentado, foi o resultado das emoções ligadas aos ataques de 11 de maio e do medo que suscitaram sobre possíveis ataques futuros (p.13). Além disso, a imprensa espanhola não apoiou o ponto de vista do governo, sugerindo que o governo estava a manipular a informação por causa das eleições que se aproximavam *(El Pais 10, 13).* Como resultado, "a questão [pública] passou de quem tinha matado para quem tinha mentido" (Canel e Sanders 2010: 458), e "o governo tornou-se o inimigo (não os terroristas); e o remédio, um novo governo" *(ibid.:* 458). Assim, em 14 de março de 2004, o PSOE triunfou nas urnas, com quase 11 milhões de votos, numa eleição com uma participação extremamente elevada (*El Pais 4; El Mundo 4*). É claro que este resultado eleitoral não se deveu exclusivamente à cobertura mediática dos atentados, mas esta teve um papel importante na formação da opinião pública, quer através de relatos dramáticos que aumentaram a ansiedade, quer através de críticas ao atual governo.

Tendo estabelecido esta consequência política, é importante olhar para trás e examinar em que medida os terroristas atingiram os seus objectivos. A consequência direta dos atentados foi uma mudança de governo. O partido PSOE retirou as tropas espanholas do Iraque; de facto, a Espanha foi criticada por vários funcionários internacionais por ser uma "nação que sucumbiu às ameaças do terrorismo [...]" (*El Mundo 7*). O resultado desta ansiedade e incerteza ( ) foi a eleição de um partido que, de acordo com as sondagens, não se esperava que ganhasse e que se esperava que retirasse as tropas do Iraque. Note-se, no entanto, que os terroristas não atingiram todos os seus objectivos; muito provavelmente também queriam forçar o governo espanhol a retirar as suas tropas do Afeganistão, mas o PSOE não cedeu a esta pressão e, de facto, apoiou a presença espanhola no Afeganistão (Dannenbaum 2011: 323). No entanto, é difícil contestar o facto de os terroristas terem sido bem-sucedidos até certo ponto. Assim, parece que o terrorismo por vezes funciona (Rose, Murphy e Abrahms 2007), pelo menos em parte. Se o objetivo dos terroristas era espalhar o medo, foram bem sucedidos. Se o seu objetivo era encorajar a Espanha a retirar do Iraque, também foram bem sucedidos. Se o terrorismo atinge um dos efeitos desejados, então estamos a fazer algo de errado, mesmo que não seja intencional.

Consequências positivas

Chego agora à última questão que decorre da literatura analisada no primeiro capítulo: a representação dos atentados por *El Mundo* e *El Pals*[1] também teve efeitos positivos diretos? As provas que se seguem sugerem que sim.

Os artigos analisados descreviam os terroristas como assassinos horríveis e despertavam nas pessoas um sentimento não só de preocupação mas também de unidade. Tal como Durkheim tinha descrito, foi revelada uma "consciência colectiva"

(Erikson 1966: 4), contrastando o "nós" cumpridor da lei com o "outro" assassino e violador de fronteiras. De facto, os meios de comunicação social ajudaram a difundir a mensagem de uma manifestação organizada no dia seguinte ao atentado para mostrar a unidade contra o terrorismo (*El Pals 1)*. Participaram onze milhões de espanhóis (Canel e Sanders 2010: 449).

Além disso, o facto de os atentados terem sido amplamente divulgados nos meios de comunicação social deu uma imagem da sua tragédia e da necessidade de assistência. Tal como aconteceu após os recentes atentados de Boston, "milhares de madrilenos saíram à rua para ajudar as vítimas do atentado e formaram longas filas para doar sangue aos que estavam a ser levados para o hospital" (*El Pais 1)*. É difícil imaginar como é que as pessoas teriam sido informadas do acontecimento e da sua dimensão, e da necessidade de as ajudar, se os meios de comunicação social espanhóis não o tivessem noticiado amplamente ( ).

Por último, a imprensa pode ajudar a obter cooperação durante a investigação de um ato terrorista. Os relatos da imprensa espanhola sobre o 11-M sensibilizaram o público para a situação e incentivaram as pessoas a contactar as autoridades. Por exemplo, *o jornal El Mundo* referiu que a polícia nacional tinha recebido mais de 5.000 chamadas telefónicas de pessoas que pensavam ter informações valiosas (*El Mundo 6)*. Não se pode, portanto, ignorar que a cobertura dos atentados do 11-M pelos dois jornais (e, naturalmente, por outros meios de comunicação social) teve consequências profundamente benéficas. Seria imprudente ignorá-las.

Um resumo da análise

Qual é o resultado da análise anterior? Para resumir este estudo de caso, é evidente que *El Pais* e *El Mundo* exploraram os valores jornalísticos da "dramatização" e da "personalização", tanto nas suas descrições escritas como nas suas representações gráficas do atentado. Infelizmente, a imprensa contribuiu assim para transmitir a mensagem dos terroristas e para lhes dar publicidade, ajudando-os assim a atingir alguns dos seus objectivos. O terceiro capítulo analisou os *efeitos desta* informação. Como seria de esperar da literatura anterior, o carácter e o conteúdo das reportagens levaram a um aumento do pânico e do medo entre a população sobre a probabilidade de novos ataques terroristas em solo espanhol. Esta preocupação desproporcionada levou o público a apoiar, ou pelo menos a não questionar, um vasto plano de segurança que reforçou os poderes de vigilância do governo no suposto interesse da "segurança nacional". Além disso, o próprio ato terrorista e as representações mediáticas do mesmo encorajaram as pessoas a votar no partido político PSOE nas eleições realizadas três dias após o atentado, contrariando as previsões das sondagens feitas uma semana antes. Esta mudança de governo dá crédito à questão levantada no primeiro capítulo, nomeadamente que a cobertura mediática do terrorismo pode, pelo menos, influenciar factores políticos. O resultado das eleições do PSOE e a subsequente retirada das tropas do Iraque demonstram, pelo menos em parte, que a Espanha sucumbiu à pressão terrorista. Além disso, também demonstrei que as representações mediáticas dos atentados contra os comboios tiveram alguns efeitos benéficos, especialmente no local, em termos de sensibilização do público e de obtenção da sua cooperação. Parece que todos os problemas salientados no primeiro capítulo, e que constituíam as questões de investigação desta tese, estavam presentes nas representações do 11-M.

No entanto, a imprensa espanhola diferiu dos principais meios de comunicação social num aspeto importante: tradicionalmente, em tempos de crise terrorista, os meios de comunicação social tendem a apoiar a visão do governo sobre a situação, confiando nos funcionários para obter informações e apoiando geralmente as suas acções e opiniões. No entanto, no caso do 11-M, o governo do PP da altura tentou fazer valer a sua forte convicção de que a ETA estava por detrás do ataque e, quando se tornou evidente que isso era incorreto, tentou justificar *o que* tinha afirmado inicialmente. Contrariamente ao que seria de esperar, os dois jornais *não apoiaram* as afirmações do governo. Pelo contrário, ambos os jornais denunciaram a abordagem do governo de (mal) informar o público sobre a autoria do ataque assim que este foi conhecido, embora *El Mundo* tenha sido mais rápido a tentar justificar a abordagem do governo. Independentemente das nossas opiniões e orientações políticas ou sociais, é inegável que a forma como os atentados de Madrid foram apresentados não foi responsável, dadas as consequências nefastas a nível psicológico (em termos de medo e ansiedade), social e político que a cobertura dos atentados pelos dois jornais ajudou a desencadear

Conclusão: Perspectivas futuras

Tendo em conta a análise anterior e as consequências positivas associadas à cobertura do terrorismo pelos meios de comunicação social, para não mencionar os efeitos indesejáveis e prejudiciais discutidos ao longo deste documento, temos de nos perguntar que abordagem diferente os meios de comunicação social *devem* adotar na cobertura do terrorismo. O que pode ser feito para garantir que as empresas possam colher os benefícios da cobertura mediática e que, ao mesmo tempo, os meios de comunicação social não façam o jogo dos terroristas? Académicos como Wilkinson (1997), entre outros, parecem concordar que são necessárias salvaguardas adequadas para garantir que os meios de comunicação social não sensacionalizem o terrorismo e que nem o governo nem os terroristas manipulem a imprensa.

Esta é uma verdadeira controvérsia. Nas democracias contemporâneas, a censura dos meios de comunicação social e a excessiva "regulamentação estatutária" suscitariam inevitavelmente queixas sobre os ideais de liberdade de imprensa e de liberdade em relação a uma regulamentação governamental excessiva (Wilkinson 1997: 60-61) - dois dos principais pilares da democracia que seria errado ignorar. No entanto, devem ser tomadas medidas devido aos efeitos psicológicos, políticos e sociais inegavelmente perigosos que a cobertura mediática desenfreada do terrorismo pode desencadear. Neste contexto, os teóricos têm argumentado que "a autocontenção voluntária e a autorregulação dos meios de comunicação social são as melhores opções políticas para uma sociedade democrática no que diz respeito à resposta dos meios de comunicação social ao terrorismo, mas os meios de comunicação social têm de trabalhar mais para conceber medidas de autocontenção que sejam simultaneamente adequadas e eficazes" (Wilkinson 1997, p. 51). É certo que os profissionais da informação em todos os meios de comunicação social têm de encontrar um equilíbrio entre o desejo de relatar acontecimentos "dignos de notícia" e o desejo de informar o público sobre acontecimentos relevantes, com cuidado para não sensacionalizar situações que já despertam emoções e medos elevados em si mesmas, e com cuidado para não fazer o jogo dos terroristas dando-lhes demasiada publicidade (Paletz e Tawney 1992: 110). O que precisamos essencialmente é de uma variante do "jornalismo público" de Green (2012) (p. 281), em que a informação na imprensa é fornecida de forma racional, evitando as "apresentações superficiais, sensacionalistas e demasiado simplificadas encontradas em alguns segmentos da imprensa [que] servem apenas para explorar inseguranças incandescentes, inflamando-as, sem fornecer as ferramentas de informação necessárias para o público avaliar e lidar com elas" (p. 282). Com uma informação mais objetiva, proveniente de fontes variadas, sem dramatização nem mediatização excessiva, por uma imprensa voluntariamente comedida, o público poderá abordar as situações com mais serenidade e a sociedade continuará a colher os benefícios dos meios de comunicação social. Ao mesmo tempo, os terroristas terão mais dificuldade em fazer passar a sua mensagem através dos meios de comunicação ocidentais. No caso dos atentados de Madrid, como o presente documento demonstrou, esta forma de auto-contenção profissional por parte da imprensa teria sido extremamente valiosa.

Em conclusão, as representações sensacionalistas do crime podem ter um efeito nos níveis de ansiedade de uma população (Williams e Dickinson 1993), e isto é particularmente verdadeiro no caso do terrorismo. De facto, os relatos dos media podem gerar um "clima de apoio público, apatia ou raiva" (Cohen-Almagor 2000: 252), dependendo da forma como são apresentados. Estes níveis elevados de ansiedade conduzem a uma variedade de consequências sociais e políticas prejudiciais - e tornam os cidadãos mais vulneráveis à manipulação governamental do sentimento público para atingir objectivos políticos. Estes factores foram evidentes na forma como *El Pais* e *El Mundo* apresentaram os atentados de 11 de março em Madrid, embora a imprensa espanhola não tenha mantido a forma como o governo apresentou os acontecimentos, ao contrário do que seria de esperar. Dadas as consequências potencialmente negativas da cobertura mediática do terrorismo, mas também os efeitos positivos que dela podem advir, devem ser exercidas salvaguardas adequadas - idealmente uma forma de "autocontenção voluntária" - por todas as organizações de imprensa e meios de comunicação social para garantir uma cobertura equilibrada e objetiva. Num mundo em que o alcance da "esfera mediática global" (Ferrell e Greer 2009: 5) continua a expandir-se e em que o terrorismo é uma preocupação crescente na sociedade, não podemos, não devemos, permitir que os meios de comunicação social em expansão sejam usados contra nós em benefício daqueles que nos querem mal. O terrorismo *nunca* deve funcionar.

Referências

Abdolian, L.F., e Takooshian, H. (2002), "The USA Patriot Act: Civil Liberties, the Media, and Public Opinion", *Fordham Urban Law Journal,* 30/4: 14271453.

Biernatzki, W.E. (2002), "Terrorism and Mass Media", *Communication Research Trends,* 21/1: 2-42.

Canel, M.J., and Sanders, K. (2010), 'Crisis Communication and Terrorist Attacks: Framing a Response to the 2004 Madrid Bombings and 2005 London Bombings', in T.W. Coombs and S.J. Holladay, eds, *The Handbook of Crisis Communication,* 1 edn, 449-466. Oxford: Blackwell Publishing Ltd.

Carrabine, E. (2012). "Just Images: Aesthetics, Ethics and Visual Criminology", *British Journal of Criminology,* 52/3: 463-489.

Casero, A. (2005), "Cobertura Periodistica del 11-M: la Teoria del 'Caso Exceptional'", *VII Congreso Espahol de Ciencia Politicay de la Administración, Democracia y Buen Gobierno,* disponível em http://www.aecpa.es/uploads/files/congresos/congreso_07/area04/GT14/CASE_RO-RIPOLLES_Andreu(URV).pdf, último acesso em 27 de maio de 2013.

Chibnall, S. (2010), 'Press Ideology: The Politics of Professionalism (1977)', em C. Greer (ed.), *Crime and Media: A Reader,* 1 edn, 203-214. Abingdon: Routledge.

CNN Online (2013), "Official: Two men sought as possible suspects in Boston bombing", *CNN Online,* 19 de abril (escrito por M. Pearson e T. Watkins), disponível em http://edition.cnn.com/2013/04/17/us/boston-blasts, último acesso em 29th de maio de 2013.

Cohen, S. (2002), *Folk Devils and Moral Panics,* 3 edn. Abingdon: Routledge.

Cohen-Almagor, R. (2000), "The Terrorists' Best Ally: The Quebec Media Coverage of the FLQ Crisis in October 1970", *Canadian Journal of Communication,* 25/2: 251-284.

Cooper, H.H.A. (1976), "Terrorism and the Media", *Chitty's Law Journal,* 24/7: 226232.

Crelinsten, R.D. (1992), "Victims' Perspectives", em D.L. Paletz e A.P. Schmid, eds, *Terrorism and the Media: How Researchers, Terrorists, Government, Press, Public, Victims View and Use the Media,* 1 edn, 208-238. Newbury Park, Califórnia: SAGE Publications Inc.

Dannenbaum, T. (2011), "Bombs, Ballots, and Coercion: The Madrid Bombings, Electoral Politics, and Terrorist Strategy", *Estudos de Segurança,* 20: 303-349.

El Pais Online (2013), "EL PAIS: Lider con 1.862.000 lectores", *El Pais Online,* 22 de abril, disponível em http://sociedad.elpais.com/sociedad/2013/04/22/actualidad/1366659886 05677 4.html, último acesso em 19 de maio de 2013.

Entman, R. M. (1989), "How the Media Affect What People Think: An Information Processing Approach", *The Journal of Politics,* 51/2: 347-270.

Erikson, K. (1966), *Wayward Puritans: A Study in the Sociology of Deviance,* 1 edn. Nova Iorque: John Wiley and Sons.

Fahmy, S. e Wanta, W. (2007), "What Visual Journalists Think Others Think: The Perceived Impact of News Photographs on Public Opinion Formation", *Visual Communication Quarterly,* 14: 16-31.

Ferrell, J., e Greer, C. (2009), "Global Collapse and Cultural Possibility", *Crime, Media, Culture : A International Journal,* 5 : 5-7.

Freedman, D., e Thussu, K. (2012), 'Introduction: Dynamics of Media and Terrorism', *Media & Terrorism: Global Perspectives.* 1 edn, 1-20. Londres: SAGE Publications Ltd.

Garland, D. (2008), "On the Concept of Moral Panic", *Crime, Media, Culture,*4/1 : 930.

Goode, E. e Ben-Yehuda, N. (1994), *Moral Panics: The Social Construction of Deviance,* 1 edn. Oxford: Blackwell Scientific Publications.

Green, D.A. (2012), *When Children Kill Children: Penal Populism and Political Culture,* 1 edn. Oxford: Oxford University Press.

Greer, C., e McLaughlin, E. (2010), "We Predict a Riot? Public Order Policing, New Media Environments and the Rise of the Citizen Journalist", *British Journal of Criminology,* 50/6 : 1041-1059.

Hall, S. (2010a), "Encoding-Decoding (1980)", in *C.* Greer, ed: *A Reader,* 1 edn, 44-55. Abingdon: Routledge.

Hall, S. (2010b), "The Determinations of News Photographs (1973)", em C. Greer, ed. *Crime and Media: A Reader,* 1 edn, 123-134. Abingdon: Routledge.

Hall, S., Critcher, C., Jefferson, T., Clarke, J., e Roberts, B. (2010), "The Social Production of News (1978)", em C. Greer, ed: *A Reader.* 1 edn, 239-250. Abingdon: Routledge.

Herman, E.S., e Chomsky, N. (2006), "A Propaganda Model", em M.G. Durham e D.M. Kellner, eds, *Media and Cultural Studies: Key Works (Revised Edition).* 2 ed. 257-294. Oxford: Blackwell Publishing.

Hocking, J. J. (1992), "Governments' Perspectives", em D.L. Paletz e A.P. Schmid, eds, *Terrorism and the Media: How Researchers, Terrorists, Government, Press, Public, Victims View and Use the Media,* 1 edn, 86-104. Newbury Park, Califórnia: SAGE Publications Inc.

Hoffman, B. (2006), *Inside Terrorism (Revised and Expanded Edition).* Edição revista e alargada. Nova Iorque: Columbia University Press.

Jewkes, Y. (2010), "The Construction of Crime News (2004)", em C. Greer, ed. *Crime and Media: A Reader,* 1 edn, 215-227. Abingdon: Routledge.

Johnson, R. (2004), "Reading Texts Of or For Dominance", in R. Johnson, D. Chamber, P. Raghuram e E. Tincknell, eds, *The Practice of Cultural Studies,* 1 edn, 170-187. Londres: SAGE Publications Ltd.

Khiabany, G. e Williamson, M. (2012), 'Terror, Culture and Anti-Muslim Racism', em D. Freedman e D.K. Thussu, eds, *Media & Terrorism: Global Perspectives.* 1 edn, 134-150. Londres: SAGE Publications Ltd.

Lewis, J. (2012), 'Terrorism and News Narratives', em D. Freedman e D.K. Thussu, eds, *Media & Terrorism: Global Perspectives.* 1 edn, 257-270. Londres: SAGE Publications Ltd.

Mawby, R.C. (2010), "Chibnall Revisited: Crime Reporters, the Police and 'Law-and-Order News", *British Journal of Criminology,* 50/6: 1060-1076.

Miller, D., e Sabir, R. (2012), "Propaganda and Terrorism", em D. Freedman e D.K. Thussu, eds, *Media & Terrorism: Global Perspectives.* 1 edn, 77-94. Londres: SAGE Publications Ltd.

Nacos, B.L. (2007), *'Mass-Mediated Terrorism: The Central Role of the Media in Terrorism and Counterterrorism',* 2 edn, Lanham, Maryland: Rowman and Littlefield Publishers.

Paletz, D.L., e Tawney, L.L. (1992), "Broadcasting Organizations' Perspectives", in D.L. PALETZ e A.P. SCHMID, eds, *Terrorism and the Media: How Researchers, Terrorists, Government, Press, Public, Victims View and Use the Media,* 1 edn, 105-110. Londres: SAGE Publications Ltd.

Pozas, S., e Toral, G. (2004), 'La gestion de la comunicacion institucional entre el 11 y el 14 M', *Zer - Revista de Estudios de Comunicacion,*9/17 : 11-23.

Reiner, R. (2007), "Media Made Criminality: The Representation of Crime in the Mass Media", em M. Maguire, R. Morgan e R. Reiner, eds, *The Oxford Handbook of Criminology.* 4 edn, 302-337. Oxford: Oxford University Press.

Rose, W., Murphy, R., e Abrahms, M. (2007), "Does Terrorism Ever Work? The 2004 Madrid Train Bombings", *International Security,*32/1: 185-192.

Rothe, D., e Muzzatti, S.L. (2004), 'Enemies Everywhere: Terrorism, Moral Panic, and US Cvivil Society', *Critical Criminology,* 12/3: 327-350.

Schaefer, T.M. (2006), 'When Terrorism Hits Home: Domestic Newspaper Coverage of the 1998 and 2002 Terror Attacks in Kenya', *Studies in Conflict and Terrorism,* 29/6: 577-589.

Schlesinger, P., Tumber, H., e Murdock, G. (2010), "The Media Politics of Crime and Criminal Justice (1991)", em C. Greer, ed, *Crime and Media: A Reader.* 1 edn, 251-263. Abingdon: Routledge.

Silverstone, R. (1999), *Why study the media?* 1 edn. Londres: SAGE Publications Ltd.

Tadros, V. (2008), "Crimes and Security", *The Modern Law Review,* 71/6: 940-970.

Tendências. (2004), Prensa Diaria: Estadisticas, *Medios de Comunicacion Tendencias '06,* disponível em http://www.infoamerica.org/TENDENCIAS/tendencias/tendencias06/pdfs/06.pdf, último acesso em 5 de maio de 2013.

The Guardian Online.(2013), "Boston Marathon blasts: three dead and more than 100 injured - as it happened", *The Guardian Online,* 15 de abril (escrito por T. McCarthy), disponível em http: //www.guardian.co. uk/world/2013/apr/ 15/boston-marathon-explosion-live, último acesso em 29 de maio de 2013.

Torres, E. (2006), "El Tratamiento de la Imagen en los Atentados del 11-M. Terrorismo y Violencia en la Prensa', *Revista Latina de Comunicacion Social,* 61: 1-9.

Valdeon, R.A. (2009), "Discursive Constructions of Terrorism in Spain: Anglophone and Spanish Media Representations of ETA", *International Journal of Applied Linguistics,* 19/1: 66-83.

Vara, A. (2006), "Las Sombras del Periodismo Espanol en el 11-M", in A. VARA, J. RODRIGUEZ, E. GIMENEZ e M. DIAZ, eds, *Cobertura Informativa del 11-M,* 1 edn, 11-14. Pamplona: Ediciones Universidad de Navarra S.A.

Vara, A., Rodriguez, J., Gimenez, E., e Diaz, M. (2006), *Cobertura Informativa del 11-M.* 1 edn. Pamplona: Ediciones Universidad de Navarra S.A.

Weimann, G. e Brosius, H. (1991), "The Newsworthiness of International Terrorism", *Communication Research,* 18/3: 333-354.

Wilkinson, P. (1997), "The Media and Terrorism: A Reassessment", *Terrorism and Political Violence,* 9/2: 51-64.

Williams, P., e Dickinson, J. (1993), "Fear of Crime: Read All About it? The Relationship between Newspaper Crime Reporting and Fear of Crime", *British Journal of Criminology,* 33/1: 33-56.

Zedner, L. (2005), "Securing Liberty in the Face of Terror: Reflections from Criminal Justice", *Journal of Law and Society,* 32/4: 507-533.

Apêndice A: Artigos analisados

El Pais P. Romero, J. M. (2004), "Cuatro Atentados Simultaneos Causan una Matanza en Trenes de Madrid", *El Pais,* 12 de março, disponível em http://elpais.com/diario/2004/03/12/espana/1079046001_850215.html, último acesso em 22 de maio de 2013.

El Pais 2: Rodriguez, J. A., Mercado, F., Yoldi, J. e Duva, J. (2004), "La Furgoneta con una Grabacion en Arabe Fue Utilizada para Transportar las Bombas", *El Pais,* 13 de março, disponível em http://elpais.com/diario/2004/03/13/espana/ 1079132401_850215.html, último acesso em 22 de maio de 2013.

El Pais 3: Moreno, R. (2004), "Detenidos Tres Marroquies y Dos Indios por Supueso Apoyo a los Autores de la Matanza", *El Pais,* 14 de março, disponível em http://elpais.com/diario/2004/03/14/espana/1079218801_850215.html, último acesso em 22 de maio de 2013.

El Pais 4: Romero, J. M. (2004), "Zapatero Vence con casi 11 Millones de Votos", *El Pais,* 15 de março, disponível em http://elpais.com/diario/2004/03/15/espana/1079305201_850215.html, último acesso em 22 de maio de 2013.

El Pais 5: Diez, A. (2004), "Zapatero Atribuye su Victoria a las "Ganas de Cambio en Espana" y No al Atentado del 11-M", *El Pais,* 16 de março, disponível em http://elpais.com/diario/2004/03/16/espana/ 1079391601_850215.html, último acesso em 23 de maio de 2013.

El Pais 6: Rodriguez, J. A., e Comas, S. (2004), "La Dinamita Usada en los Atentados se Fabrico en Febrero en Burgos", *El Pais,* 17 de março, disponível em http://elpais.com/diario/2004/03/17/espana/1079478038_850215.html, último acesso em 23 de maio de 2013.

El Pais 7: Rodriguez, J. A. (2004), "El Gobierno Lanza un Vasto Plan de Seguridad por la "Persistencia del Riesgo Terrorista"", *El Pais,* 18 de março, disponível em http ://elpais. com/diario/2004/03/18/espana/1079564402 850215.html, último acesso em 23 de maio de 2013.

El Pais 8: Duva, J., e Rodriguez, J. A. (2004), "Un Trozo del Movil de la Bomba Desactivada, Hallado en el Locutorio de Zougam en Lavapies", *El* Pals, 19 de março, disponível em http://elpais.com/diario/2004/03/19/espana/1079650805 850215.html, último acesso em 23 de maio de 2013.

El Pais 9: Yoldi, J. (2004), "Cuatro Magrebles Robaron los Explosivos en Asturias Guiados por un Ex Minero Espanol", *El Pais,* 20 de março, disponível em http://elpais.com/diario/2004/03/20/espana/1079737203 850215.html, último acesso em 24 de maio de 2013.

El Pais 10: Alcaide, S., Ortega, P., Cantalapiedra, F., Cuartas, J., Hermida, X., Manresa, A., Martin, A., e Martinez, I. C. (2004), "Mas de 200.000 Personas Contra la Guerra", *El Pais,* 21 de março, disponível em http ://elpais. com/diario/2004/03/21/espana/1079823604 850215.html, último acesso em 24 de maio de 2013.

El Pais 11: Ordaz, P., Peregil, F., e Gomez, L. (2004), "Cuatro Trenes, 14 Bombas, 6.000 Viajeros", *El Pais,* 22 de março, disponível em http://elpais.com/diario/2004/03/22/espana/1079910017 850215.html, último acesso em 24 de maio de 2013.

El Pais 12: Duva, J., e Rodriguez, J. A. (2004), "Cuatro Nuevos Detenidos por el 11-M, Uno de los Cuales ya Estaba Preso en Salamanca", *El Pais,* 23 de março, disponível em http://elpais.com/diario/2004/03/23/espana/1079996414 850215.html, último acesso em 24 de maio de 2013.

El Pais 13: Mercado, F. (2004), "Una Mochila Bomba Paso Varias Horas en Ifema y Recorrio 25 Kilometros Hasta Ser Desactivada", *El Pais,* 24 de março, disponível em http://elpais.com/diario/2004/03/24/espana/1080082818_850215.html, último acesso em 25 de maio de 2013.

El Pais 14: Valdecantos, C. (2004), "El Funeral Por las Victimas del 11-M Congrega a Europa en la Catedral de Madrid", *El Pais,* 25 de março, disponível em http://elpais.com/diario/2004/03/25/espana/1080169205_850215.html, último acesso em 25 de maio de 2013.

El Pais 15: Ximenez de Sandoval, P. (2009), "Hay victimas que no tienen ni para *comer", El Pais,* 11 de março, disponível em http://elpais.com/diario/2009/03/11/espana/1236726018_850215.html, último acesso em 29 de maio de 2013.

El Mundo 1: Lazaro, F. (2004), "El Dia de la Infamia", *El Mundo,* 12 de março, disponível em http://quiosco.elmundo.orbyt.es/Hemeroteca/Buscador.aspx(past the pay wall), último acesso em 25 de maio de 2013.

El Mundo 2: Lazaro, F. (2004), "Acebes Convencido de que las Nuevas Pistas Probaran la Autoria de ETA", *El Mundo,* 13 de março, disponível em http://quiosco.elmundo.orbyt.es/Hemeroteca/Buscador.aspx(past the pay wall), último acesso em 25 de maio de 2013.

El Mundo 3: Lazaro, F. (2004), "Las Primeras Detenciones Vinculan La Masacre con el Terrorismo Islamico", *El Mundo,* 14 de março, disponível em http://quiosco.elmundo.orbyt.es/Hemeroteca/Buscador.aspx(past the pay wall), último acesso em 26 de maio de 2013.

El Mundo 4: Garea, F. (2004), "Zapatero Sera Presidente Tras el Hundimiento del PP en un Vuelco Politico Sin Precedences", *El Mundo,* 15 de março, disponível em http://quiosco.elmundo.orbyt.es/Hemeroteca/Buscador.aspx(past the pay wall), último acesso em 26 de maio de 2013.

El Mundo 5: Deiros-Bronte, T., e Lazaro, F. (2004), "Casablanca y Madrid: En el

Mismo Punto de Mira", *El Mundo,* 16 de março, disponível em http://quiosco.elmundo.orbyt.es/Hemeroteca/Buscador.aspx(past the pay wall), último acesso em 26 de maio de 2013.

El Mundo 6: Lazaro, F. (2004), "La Policia Busca a 20 Sospechosos", *El Mundo,* 17 de março, disponível em http://quiosco.elmundo.orbyt.es/Hemeroteca/Buscador.aspx(past the pay wall), último acesso em 26 de maio de 2013.

El Mundo 7: Fresneda, C. (2004), "Kerry Solicita a Zapatero que no Retire las Tropas Espanolas de Irak", *El Mundo,* 18 de março, disponível em http://quiosco.elmundo.orbyt.es/Hemeroteca/Buscador.aspx(past the pay wall), último acesso em 27 de maio de 2013.

El Mundo 8: Segovia, C. (2004), "El Gobierno Desclasifica Documentos Secretos Para Probar que "No Ha Mentido" Sobre el 11-M", *El Mundo,* 19 de março, disponível em http://quiosco.elmundo.orbyt.es/Hemeroteca/Buscador.aspx(past the pay wall), último acesso em 27 de maio de 2013.

El Mundo 9: Ramirez de Ganuza, C. (2004), "Zougam al Llegar a la Audiencia: 7Quien Ha Ganado las Elecciones?", *El Mundo,* 20 de março, disponível em http://quiosco.elmundo.orbyt.es/Hemeroteca/Buscador.aspx(past the pay wall), último acesso em 27 de maio de 2013.

El Mundo 10: Olmedo, I., e De la Cal, J. C. (2004), "Jamal "El de Tanger"", *El Mundo*, 21 de março, disponível em http://quiosco.elmundo.orbyt.es/Hemeroteca/Buscador.aspx(past the pay wall), último acesso em 27 de maio de 2013.

El Mundo 11: Valera, A. S. (2004), "Racismo en la Universidad", *El Mundo,* 22 de março, disponível em http://quiosco.elmundo.orbyt.es/Hemeroteca/Buscador.aspx(past the pay wall), último acesso em 28 de maio de 2013.

El Mundo 12: Ramirez de Ganuza, C. (2004), "El Espanol Detenido Entra en Prision Como Autor del 11-M", *El Mundo,* 23 de março, disponível em http://quiosco.elmundo.orbyt.es/Hemeroteca/Buscador.aspx(past the pay wall), último acesso em 28 de maio de 2013.

El Mundo 13: Lazaro, F. (2004), "Abderrahim Zbackn, 'El Quimico', Presunto Autor de la Fabrication de las Bombas del 11-M", *El Mundo,* 24 de março, disponível em http://quiosco.elmundo.orbyt.es/Hemeroteca/Buscador.aspx(past the pay wall), último acesso em 28 de maio de 2013.

El Mundo 14: Simon, P. (2004), "La Manana de los Panuelos Mojados", *El Mundo,* 25 de março, disponível em http://quiosco.elmundo.orbyt.es/Hemeroteca/Buscador.aspx(past the pay wall), último acesso em 28 de maio de 2013.

El Mundo 15: Lazaro, F. (2009), "Clamor en el Congreso de Victimas por el Desden Oficial Hacia el 11-M", *El Mundo,* 11 de março, disponível em http://quiosco.elmundo.orbyt.es/Hemeroteca/Buscador.aspx(past the pay wall), último acesso em 29 de maio de 2013.

*Adicional - Títulos da página inicial :

El Pais. (2004), "Front Page", *El Pais,* 12 de março, disponível em http://elpais.com/diario/2004/03/12/, último acesso em 22 de maio de 2013.

El Mundo (2004), "Front Page", *El Mundo,* 12 de março, disponível em http://quiosco.elmundo.orbyt.es/Hemeroteca/plantilla binario.aspx(past the pay wall), último acesso em 25 de maio de 2013.

Apêndice B: Imagens analisadas

El Pais Imagem 1: *Decenas de heridos permanecen junto a las vias* (12 de março de 2004), n.d. [imagem online], disponível em http://elpais.com/diario/2004/03/12/, último acesso em 23 de maio de 2013.

El Pais Imagem 2: Espana se echa a la calle (13 de março de 2004), n.d. [imagem online], disponível em http://elpais.com/diario/2004/03/13/, último acesso em 23 de maio de 2013.

El Pais Imagem 3: Associated Press (2004), *'Entierro de una victima de la matanza de Madrid',* 14 de março, [imagem online], disponível em http://elpais.com/diario/2004/03/14/, último acesso em 24 de maio de 2013.

El Pais Imagem 4: Alvarez, C. (2004), *'Detention de personas relacionadas con el 11-M',* 19 de março, [imagem online], disponível em: http://elpais.com/diario/2004/03/19/, último acesso em 24 de maio de 2013.

El Pais Imagem 5: Reuters (2004), *"Los musulmanes muestran su rechazo a los atentados del 11-M",* 22 de março, [imagem online], disponível em: http://elpais.com/diario/2004/03/22/, último acesso em 24 de maio de 2013.

El Pais Imagem 6: EFE/POOL. (2004), *'Funeral en la Almudenapor las victimas del 11-M',* 25 de março, [imagem online], disponível em http://elpais.com/diario/2004/03/25/, última consulta em 24 de maio de 2013.

El Mundo Imagem 1: Marcou, P. (2004), *"Tres bomberos intentan liberar a dos pasajeros muertos del cercanias que sufrio ayer un atentado cuando entraba en la estacion de Atocha (Madrid)",* 12 de março, [imagem online], disponível em http://quiosco.elmundo.orbyt.es/Hemeroteca/plantilla binario.aspx(past the pay wall), último acesso em 25 de maio de 2013.

El Mundo Imagem 2: Cordon, B. (2004), *"Imagen de la manifestación celebrada ayer en Madrid bajo una intensa lluvia, a su paso por la estacion de Atocha"*, 13 de março, [imagem online], disponível em http://quiosco.elmundo.orbyt.es/Hemeroteca/plantilla binario.aspx(past the pay wall), último acesso em 25 de maio de 2013.

El Mundo Imagem 3: Para, K. (2004), *'Los manifestantes, portando carteles con la palabra "paz", se agolpaban ayer frente a la sede del PP en la calle Genova',* 14 de março, [imagem online], disponível em http://quiosco.elmundo.orbyt. es/Hemeroteca/plantilla binario.aspx(past the pay wall), último acesso em 25 de maio de 2013.

El Mundo Imagem 4: "Cuatro dias que cambiaron Espana", (17 de março de 2004) n.d. [imagem online], disponível em http://quiosco.elmundo.orbyt.es/Hemeroteca/plantilla binario.aspx(past the pay wall), último acesso em 25 de maio de 2013.

El Mundo Imagem 5: Sinova, D. (2004), *"Lagrimas en la illnma estacion del via crucis",* 19 de março, [imagem online], disponível em http://quiosco.elmundo.orbyt.es/Hemeroteca/plantilla binario.aspx(past the pay wall), último acesso em 25 de maio de 2013.

El Mundo Imagem 6: El Sospechoso 'Nimero Uno' (20 de março de 2004), n.d. [imagem online], disponível em http://quiosco.elmundo.orbyt.es/Hemeroteca/plantilla binario.aspx(past the pay wall), último acesso em 26 de maio de 2013.

El Mundo Imagem 7 : De Leon, M. H. (2004), *"El Rey da elpesame a un familiar de las victimas del 11-M tras el funeral celebrado ayer en La Almudena",* 25 de março, [imagem online], disponível em

http: //quiosco.elmundo.orbyt.es/Hemeroteca/plantilla binario.aspx(past the pay wall), último acesso em 27 de maio de 2013.

El Mundo Imagem 8: Vera, S. (2004), *"Variaspersonas lloran mientras siguen el funeral de Estado por una pantalla de TVsituada fuera de la catedral",* 25 de março, [imagem online], disponível em http://quiosco.elmundo.orbyt.es/Hemeroteca/plantilla binario.aspx(past the pay wall), último acesso em 27 de maio de 2013.

Printed by Books on Demand GmbH, Norderstedt / Germany